묵상과 기도를 통해 당신에게 일어나는 모든 일을 하나님께 맡기십시오.

"너를 낮추시며 너를 주리게 하시며 또 너도 알지 못하며 네 조상들도 알지 못하던 만나를 네게 먹이신 것은 사람이 떡으로만 사는 것이 아니요 여호와의 입에서 나오는 모든 말씀으로 사는 줄을 네가 알게 하려 하심이니라"(신 8:3).

김현미 지음

두란노

아주 특별한 아침

김현미 지음

두란노

아주 특별한 아침

지은이 | 김현미
초판발행 | 2012. 9. 7
3쇄발행 | 2012. 11. 29

등록번호 | 제3-203호
등록된 곳 | 서울특별시 용산구 서빙고동 95번지
발행처 | 사단법인 두란노서원
영업부 | 2078-3333 FAX | 080-749-3705
출판부 | 2078-3477

책값은 뒤표지에 있습니다.
ISBN 978-89-531-1813-3 03230

독자의 의견을 기다립니다.
tpress@duranno.com   http://www.duranno.com

두란노서원은 바울 사도가 3차 전도 여행 때 에베소에서 성령 받은 제자들을 따로 세워 하나님의 말씀으로 양육
하던 장소입니다. 사도행전 19장 8-20절의 정신에 따라 첫째 목회자를 돕는 사역과 평신도를 훈련시키는 사역,
둘째 세계선교(TIM)와 문서선교(단행본 · 잡지) 사역, 셋째 예수문화 및 경배와 찬양 사역, 그리고 가정 · 상담 사역 등을
감당하고 있습니다. 1980년 12월 22일에 창립된 두란노서원은 주님 오실 때까지 이 사역들을 계속할 것입니다.

"건강한 묵상과 기도를 소망합니다"

저는 모태신앙인이 아닙니다. 그래서인지 세상의 가치관에서 벗어나는 데 시간이 많이 걸렸습니다. 주님을 따른다는 마음과 열정은 가득했지만 실제로 따라가야 하는 주님의 '길'을 몰랐습니다. 말씀을 들어도 자기중심적인 생각 때문에 주님의 길을 볼 수 없었던 게 아닌가 생각됩니다.

사실 말씀을 읽고 연구하고 해석하는 것보다는 기도하는 것이 우리의 일상과는 더 가깝다는 것을 우리는 알고 있습니다. 그러나 주님의 '길'을 나타내는 말씀이 없이 기도하는 것이 얼마나 위험한 것인지도 더 잘 알아야 합니다.

하루하루 말씀을 묵상하고 그 말씀대로 살려고 의지를 드리는 기도의 시간을 통해서 우리는 하나님의 자녀라는 정체성을 갖게 됩니다. 하나님을 예배하는 공동체의 지체임을 깨닫는 것입니다. 기도와 말씀이 균형을 이루는 묵상의 시간을 통해서, 하루의 일상을 혼자서 애쓰며 보내는 것이 아니라 주님의 말씀이 가리키는 방향을 찾고, 그 방향으로 가기 위한 힘을 얻어서 한 걸음씩 천국을 향한 순례의 길을 걸어가는 것이 우리의 목적이 되어야 합니다.

저는 오랜 시간을 제 이기심 때문에 주님의 길에서 벗어나 있었습니다. 착하게 살려고 했고, 좋은 일도 많이 하려고 했으며, 최선을 다하여 주님을 섬기려고 했던 시간들이었지만 주님의 '길'과는 상관이 없이 세상의 가치관을 기준으로 그렇게 했다는 것을 묵상과 기도의 시간을 통해서 깨닫기 시작했습니다. 그렇게 깨닫기 시작하면서도 진리와의 충돌이 있었던 것은 제가 했던 모든 것이 선하다고 생각했기 때문에 주님이 이러한 저를 교정하시려고 하실 때에 인정할 수 없어서였습니다.

제 자신이 죄인임을 인정할 때는 회개에 합당한 열매를 맺는 일이 자연스럽게 진행되었지만, 내가 선하다는 생각을 고집할 때면 주님과의 씨름이 더 격렬해지는 것을 경험했습니다. 기도와 묵상을 통해서 자기 부인의 성찰이 일어나면 주님의 말씀에 순종할 수 있는 힘이 생겼고, 그 힘은 저를 주님의 평강으로 인도해 주었습니다.

결과물을 내기 위한 묵상은 사람들에게 보이기 위한 묵상으로 가게 됩니다. 말하자면 간증을 하기 위한 묵상은 초점이 결과물에 있기 때문에 자칫하면 주님이 보이지 않게 됩니다. 기도에는 그러한 자신을 대면하는 작업이 이루어지는 성령님의 역사가 있습니다.

주님의 말씀을 훤히 비춰 주시는 성령님의 조명을 받는 곳이 기도의 자리입니다. 그것을 알기에 물질이나 성공, 건강을 얻은 것을 내보이기 위한 묵상보다, 주님의 ‘길’을 찾아내고, 그 길을 가는 힘을 얻기 위해 회개하고, 말씀에 순종하는 일들에 대해 주님이 주신 은혜를 나누는 것이 진정한 묵상이 아닐까 해서 함께 할 자리를 만들어 보고 싶었습니다.

성경의 예문이 단편적이어서 아쉽기는 하지만, 말씀을 붙들고 기도하는 것이 어떠한 것인지를 가르치고, 소그룹을 형성해서 함께 건강한 묵상과 기도를 할 수 있는 지침으로 사용되기를 소망하며 이 책을 내놓습니다. 부디 유익하게 사용되기를 기대해 봅니다.

1장

회개기도와 QT
주님의 보좌 앞으로

하나님의 말씀은 우리 삶의 모든 것을 비춰 줍니다. 그러므로 우리는 회개에 합당한 열매를 맺을 수 있습니다. 그 열매들은 삶의 변화입니다. 예수 그리스도를 닮아 가는 삶은 주님께 영광을 드리는 삶입니다.

복 있는 사람은
악인들의 꾀를 따르지 아니하며
죄인들의 길에 서지 아니하며
오만한 자들의 자리에 앉지 아니하고
오직 여호와의 율법을 즐거워하여
그의 율법을 주야로 묵상하는도다
(시 1:1-2).

"우리는 무엇으로 사는가?"의 질문에 대한 답을 생각해 보면, 신명기 8장 3절에서 해답을 얻을 수 있습니다.

"하나님의 입에서 나오는 모든 말씀으로."

하나님의 말씀을 묵상하는 것은 우리의 정체성을 아는 것과도 연결이 되어 있습니다. 우리는 하나님을 예배하는 공동체로 이 땅에서 하나님을 믿고, 하나님을 따르며, 하나님을 예배하므로 하나님의 영광을 나타내는 것입니다.

구약성경 중 보통 '율법'이라고 해석하는 모세오경(Torah)에는 이스라엘이 예배하는 공동체라는 정체성을 확인시켜 주는 가르침이 들어 있습니다.

광야 시작 전에 주신 하나님의 율법은 광야의 '길'을 어떻게 걸어갈 것인가를 가리키는 이정표 역할을 해주었습니다. 이스라엘 백성에게 광야는 삶의 본질적인 문제, 즉 "무엇을 입을까? 마실까? 먹을까?"를 염려하는 문제가 있는 곳입니다. 그리고 그러한 광야는 이스라엘 백성이 오직 하나님의 입에서 나오는 모든 말씀으로 문제를 해결하는 것을 배우는 장소가 되었습니다. 우리도 마찬가지로, 인생의 광야에서 하나님을 예배하는 공동체로서 하나님의 입에서 나오는 모든 말씀으로 살아가는 공동체의 정체성을 가져야 합니다.

신약성경은 그 '길'에 대해 명확히 제시해 줍니다. 그 길은 바로 예수 그리스도 이심을 나타내 줍니다.

요한복음 14:6 ____

____

1. 죄에 대하여 성경에는 무엇이라고 기록되어 있습니까?

요한복음 16:9 ____

____

과제) 자신의 죄에 대해서 하나님과의 연관성을 말해 봅시다.

질문) 하나님을 알지만 죄로 인해서 인간은 어떻게 반응합니까?

로마서 3:21-23 ____

____

____

오직 은혜로 하나님의 백성인 이스라엘을 택하시고, 출애굽의 여정을 통해서, 하나님만을 예배하는 공동체라는 것을 가르치는 구약의 율법을 통해서, 그리고 신약에서는 그 '길' 되신 예수 그리스도를 따라가는 믿음으로 우리에게 도

전하고 있습니다. 우리로 하여금 하나님과 분리될 수밖에 없게 했던 '원죄'를 씻기신 십자가의 은혜로 이제 하나님의 임재와 현존을 경험할 수 있는 길이 열리게 된 것입니다.

2. 의에 대하여 성경은 무엇이라 기록하고 있습니까?

요한복음 16:10 ______________________________________

____

우리의 죄를 참소하는 사단이 이제는 우리의 죄로 인한 삯, 즉 죽음의 요구로 올무 잡아 예수 믿는 우리를 정죄할 수 없게 된 것입니다.

로마서 8:1 ____

____

질문) 의로워진 우리는 어떤 삶을 살아야 하는 것일까요?

3. 심판에 대하여 성경에는 무엇이라고 기록되어 있습니까?

요한복음 16:11 ______________________________________

____

과제) 이제까지 하나님의 말씀으로 어려운 상황이나 마음을 극복한 경험이 있다면 기록해 보십시오.

____

____

____

____

____

질문) 심판에 대한 것은 우리에게 두려움을 주기도 합니다. 성경에서 말하는 심판이란 어떤 것을 뜻할까요?

하나님의 말씀은 우리 삶의 모든 것을 비춰 줍니다. 그러므로 우리는 회개에 합당한 열매를 맺을 수 있습니다. 그 열매들은 삶의 변화입니다. 예수 그리스도를 닮아 가는 삶은 주님께 영광을 드리는 삶입니다.

4. 그렇다면 회개기도는 어떻게 해야 할까요?

1) 회개의 보좌를 세우는 것은 자기를 하나님 앞에 낮추는 일입니다.

고백하지 않은 죄와 숨은 죄가 있거든 깨닫게 해 주시도록 회개의 보좌를 세웁니다. 은혜로 인하여 자원하는 심령으로 시작하는 것이지 억지로 하는 것은 아닙니다.

시편 66:18 ____

____

시편 139:24 ____

____

오늘 말씀에서 양심에 거리끼는 일들과 죄라고 생각되는 일들을 기도 가운데 인정하고 고백해 봅니다.

2) 우리의 연약함을 인정하며 기도합니다.

보좌 앞에서 나를 낮추는 일은, 하나님의 주권을 인정하는 일과 나 자신의 죄와 연약함을 인정하는 일이 동시에 끊임없이 일어남으로써 가능합니다.
자신의 상황과 이기심의 요구에서 비롯된 기도의 제목들을 버리는 것이 도움이 됩니다.

로마서 8:26 ____

____

성령께서 우리를 온전히 이끄실 수 있도록 내어 맡기는 기도에 집중합니다.

3) 일주일간 삶에서 고백된 회개의 내용들이 소그룹 안에서 나누어져야 합니다.

회개하는 것은 기도하고 묵상하는 사람의 연약함을 드러내는 일입니다. 하지만 묵상을 함께 나누는 분들은 오히려 나누는 자의 자기 부인의 묵상이나 회개기도를 듣고 더 간절히 중보기도를 해주게 되고, 회개한 일에 대해서 최선을 다해 끊어 낼 수 있도록 격려해 주고 배려해 줍니다.

정직한 회개기도는 공동체가 더욱 연합하도록 돕는 방법이 될 수 있습니다.

잠언 11:6 ____

____

시편 112:4 ____

____

나누는 공동체에서 필요한 것은 정직한 마음입니다. "예수님이 나 자신을 어떻게 생각하실까?"를 나누는 것을 말하는 것입니다.

4) 우리의 모습을 직면할 줄 알아야 하나님을 높이게 됩니다.

먼저 자신의 잘못을 인정합니다. 관계 가운데 일어나는 억울한 일이나 상처가 되는 것들은 일방적으로 일어나는 것이 아닙니다. 항상 쌍방의 과실이 있습니다. 그러므로 한쪽에 대한 원망이나 불평이 아닌, 나 자신의 잘못

된 부분부터 하나님과 해결하려는 의지를 세우는 일, 즉 직면반응이 중요
합니다.

골로새서 3:13 ____

____

일방적 용서에서 끝나는 것이 아니라 상대와 서로 간에 화해를 이루기
까지가 직면반응입니다.

5) 인도하시는 분들은 정직하게 회개함으로 거룩한 통로의 본이 되어야 합
니다(언행일치).

오랜 시간이 흐르게 되면 같은 팀원들의 삶은 감추어 지지 않습니다. 인도
자의 삶도 마찬가지입니다. 말과 행동이 일치하는 인도자를 통하여 거룩한
기도- 묵상 팀이 구성될 수 있습니다.

누가복음 5:32 ____

____

요한계시록 2:5 ____

____

____

인도자의 모습은 소그룹의 구성원들을 닮아 가게 하는 것이 있습니다. 기도하는 모습이나 언어, 묵상하는 방법, 나누는 것, 삶의 모습 등, 이 모든 것이 모범이 되어야 하는 것들입니다.

그날의 묵상으로 회개할 제목들을 찾아봅니다.

1. 묵상한 후에 나의 모습을 비추어 보고 오늘까지 있었던 일 중에 후회나 반성, 염려와 걱정, 교만한 마음 등을 살피면서 적어 봅니다.

2 하나하나 주님께 회개하며 기도합니다.

3. 새로운 마음을 주신 것들을 적어 보고, 순종해야 할 것들을 명심하고, 실행합니다.

4. 지속적으로 동일한 회개의 제목이 있을 때에는 해결이 되어서 돌이키는 역사가 일어날 때까지 기도를 계속하고 의지를 드려야 함을 기억해야 합니다.

2장

선포기도와 QT
주님의 말씀의 통로로

우리가 해야 할 일은 예수님의 인격, 진리, 성품, 권세 등이 우리의 기도와 묵상을 통해 나타나서 주님의 구원 역사를 이루는 일과 마귀를 대적하는 일이 우리의 삶에 실제적으로 일어나도록 하는 것입니다. 예수님과 연합한 우리는 증인의 삶을 사는 것이고, 사단의 거짓과 유혹에 넘어가지 않도록 물리치는 힘을 얻기 위해 예수님의 이름의 권세를 힘입어 기도하는 것입니다.

주의 말씀은 내 발에 등이요
내 길에 빛이니이다
주의 의로운 규례들을
지키기로 맹세하고 굳게 정하였나이다
(시 119:105-106).

이제 본격적으로 말씀을 붙들고 기도하는 것이 어떤 것인가를 나누어 보겠습니다.

구원을 받은 신자들은 성경으로부터 마땅히 자신의 신앙고백을 찾아야 하고, 신앙고백을 형성하면서 복음에 대한 열정을 갖고 교회를 건강하게 세우려는 목적으로 말씀을 묵상하고 기도하면서 자신의 삶이 주님을 닮아 갈 수 있도록 예수님을 알아가야 합니다.

요한복음 3:3-5 ______________________________

____

____

____

위의 말씀에서와 같이 우리는 거듭난 사람들입니다. 거듭난다는 말은 "위로부터 난다"라는 말입니다. 아담과 하와의 죄로부터 성령님의 내주하심이 인간에게서 거두어졌습니다.

「NIV성경」은 "육에 속한 사람"을 "성령이 없는 사람"으로 번역하고 있습니다.

하나님의 말씀을 묵상하는 것은 성령님의 내주하심이 없이는 이루지지 않는 일입니다.

성령님이 내주하시면 맑은 물로 씻듯이 사람 마음의 부패와 더러움을 씻어 내시고, 새로운 마음, 부드러운 마음을 주셔서 양심과 마음을 새롭게 하는 일이 일어납니다.

그 결과, 예수님이 진실로 누구신지 알게 되는 것입니다.

에스겔 36:25-27

무엇보다도 특별하게 예수님의 십자가 죽음과 부활의 의미를 깨달아 알게 된다는 것입니다. 예수 그리스도 안에 하나님의 구원의 은혜가 계시되었다는 사실을 마음으로 믿고 입으로 시인하는 사람, 그런 사람이 거듭난 사람입니다.

예수님의 십자가의 신비한 비밀에 도달하지 않으면 하나님의 진정한 다스

림을 경험하기 어렵습니다. 십자가를 이해하는 것이 곧 성령의 사역에 달려 있다는 것을 알아야 합니다.

히브리서 9:14 ____

____

____

예수님은 하나님이시지만 육신을 입고 이 땅에 오셨습니다. 십자가에 달리신 예수님은 흠이 없으셨으나 육신의 고난을 통과하셨습니다. 성령님은 십자가에서 예수님이 수난당하실 때, 바로 그 현장에 계셨고, 예수님의 마음을 붙잡아 온전한 제물이 되도록 일하셨습니다. 이제 성령님은 우리의 마음에 오셔서 십자가에 나타난 하나님의 사랑을 우리 마음 가운데 부어 주십니다.

로마서 5:5 ____

____

____

무엇보다 우리의 양심과 지성을 새롭게 하셔서 십자가의 빛으로 만사를 파악하도록 도와주시는 것입니다. 성령으로 거듭난 이성은 범사에 헤아려 좋은 것을 취하고 악한 것은 어떤 모양이라도 버리도록 하는 역할을 감당하게 됩니다.

거듭난 사람은 삶을 대하는 태도가 변하기 시작합니다. 언어와 낯빛, 태도와

행동 등이 이전의 모습보다 더 부드럽고 진실하며, 성실함이 있는 예수님의 형상을 나타내게 되는 것입니다. 각자가 사는 삶의 영역에서 최선의 힘을 다하여 십자가에 계시된 사랑을 알아 그 사랑으로 열심히 사는 사람들이 되는 것입니다.

변화된 사람은 허심탄회하게 자신의 마음을 터놓고 말하며, 마음이 꽁해 있지 않습니다. 음모를 꾸미거나 남을 용서하지 않는 마음을 갖지 않으며, 앞에서는 좋은 이야기를 하다가 뒤에 가서는 딴 이야기를 하지 않습니다. 늘 웃는 얼굴에 유머 감각이 뛰어나고 다른 사람들의 마음을 헤아려 배려하고 즐겁게 해주는 하나님의 사람이 되는 것입니다.

자! 그러면 말씀을 붙들고 기도하는 것이 어떤 것인지를 살펴보겠습니다.

1. 그날의 생명의 말씀을 묵상하는 데는 자세히 읽기가 우선되어야 합니다.

일단 본문이 이해될 때까지 앞뒤 본문과 연결해서 이해하는 것에 주력합니다. 이때는 본문이 나타내고 있는 심오한 뜻을 찾기보다는 문법적인 것을 더 먼저 생각해서 주어와 서술어, 명사와 동사, 형용사, 전치사 등의 뜻을 제대로 해석할 수 있어야 합니다.

 자세히 읽어 봅시다!

2. 자세히 읽기가 끝나면 본문을 통해서 여러 가지 내면의 작업을 해야 합니다.

> 1) 말씀에 비추어서 회개할 것들을 찾아봅니다.
>
> (이는 첫 번째 강의에서 다루었습니다.)
>
> 2) 피해야 할 행동으로는 무엇이 있는지도 살펴보아야 합니다.
>
> 3) 따라야 할 모범적인 행동은 어떤 것이 있는지 살펴봅니다.
>
> 4) 용서해야 할 것들, 용서받아야 할 것들을 찾아봅니다.
>
> 5) 믿음을 가지고 소망 가운데 인내하며 기다려야 하는 것들을 찾아봅니다.

그날의 묵상으로 한 가지 이상의 지침이 정해질 수 있습니다.

오늘의 묵상 중에 찾을 수 있는 것들을 간단하게 찾아봅시다.

3. 성령님께 의뢰하기 위해서 하나님께 기도합니다.

믿음의 분량에 따라 말씀을 묵상하는 성숙도가 다를 수는 있지만, 성령님께서 각자 믿음의 분량에 맞추어 도우시고, 믿음이 자랄 수 있는 도전과 힘과 능력과 은사를 부어 주실 것입니다.

1) 그날의 본문 말씀에서 회개가 되는 구절을 찾아 기도로 전환시킬 수 있습니다.

12절 ________________________________

____

____

질문) 예수님에 대한 표현은 어떻게 나와 있습니까?

질문) 누가의 표현 중에서 다른 복음서와 차이가 있는 것은 무엇일까요?

 나의 병을 진단할 수 있습니다. 어떤 것들일까요?

13절 ________________________________

____

____

"그에게 대시며…." 주님의 치료하심은 평범한 일이 아니라 주님께서 주권적으로 행하시는 것입니다. 여기서 우리는 자기 자신을 예수님과 동일선상에 두어 기적을 일으키는 주체가 되는 것이 아닙니다. 주님이 치유를 일으키시도록, 내주하시는 성령님과 교통하는 기도를 통해서 주님이 주권적으로 행하실 것이라는 믿음을 가져야 합니다.

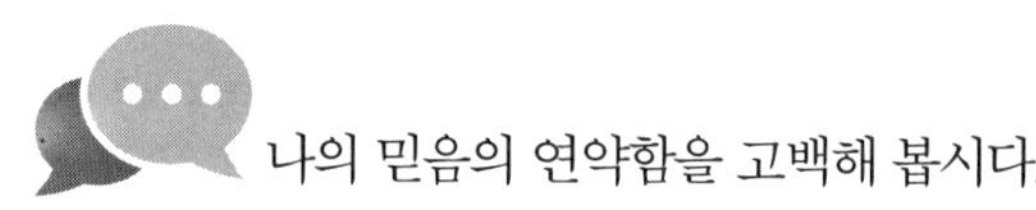
나의 믿음의 연약함을 고백해 봅시다.

14절 ______________________________

____

____

과제) 나병에 대한 규례가 어디에 있는지를 살펴봅시다.

나병을 고치신 것은 예수님의 신적 능력에 대한 증거입니다. 그 당시 유대인은 오직 하나님만이 나병을 치유하실 수 있다고 믿었습니다. 왜냐하면 이 병은 하나님의 저주로 인해 생긴 것이라고 생각했기 때문입니다.

질문) 예수님은 치유받은 병자에게 어떻게 하라고 하십니까?

주님은 세상이 이해하지 못하는 일을 하시는 것이 아니라 세상도 인정할 만한 일들을 하십니다.

15-16절 ______________________________

____

____

질문) 사람들이 예수님께 몰려오는 이유와 그것에 대처하시는 예수님의 모습

은 어떠합니까?

질문) 그렇다면 우리가 예수님에게서 본받아야 할 것은 무엇입니까?

오늘 순종해야 할 것이 무엇이며, 회개해야 할 것, 지적인 동의가 아니라 실제로 행하고 따라야 할 목록들을 적어 볼 수 있습니다.

기도문 작성)

____

____

____

____

____

____

____

2) 도전과 소망이 되는 것을 찾아 기도로 전환시킬 수 있습니다.

예문 **누가복음 5:17-24**

17-20절 _______________________________________

____

____

____

____

____

과제) 성경 사전이나 주석 성경을 사용해서 잘 모르는 단어나 이름들을 찾아
봅시다.

바리새인: 회당에서 선생으로 가르침. 백성의 눈에는 종교적인 모범을 보이는
자들. 자칭 율법과 그 적합한 준수에 대한 보호자라고 생각함. 전승된 해석과
규정들이 성경과 마찬가지의 권위를 가지고 있다고 생각하는 자들.

율법 교사들: 성문 율법과 구전 율법을 연구, 해석, 가르침. 서기관들이라고 부
름. 바리새인들 중에서 율법 교사가 많이 나옴.

과제) 앞뒤 문맥을 잘 읽어 보고 바리새인들과 율법 교사들이 예수님을 보고
하려는 일들이 무엇인지를 찾아봅니다.

율법을 잘 알고 그에 능하다고 해서 다른 사람의 영혼을 구원할 수 있는 것은
아닙니다. 바리새인들과 율법 교사들은 예수님의 사역에 대해 비판의 시각을
가지고 예수님이 법을 어기는 것만 찾으려고 하였습니다. 그러던 중 중풍병자

를 메고 나아오는 사람들을 보게 됩니다. 낡은 전통을 주장하는 그들과의 충돌은 결국 예수님을 십자가에 못 박게 하는 것으로 확대되어 갑니다.

질문) 나는 오늘의 예수님 말씀에 어떻게 반응하고 있습니까? 누군가의 시선이 부담되어서 진정성을 잃어버리지는 않았습니까?

질문) 중풍병자를 메고 온 사람들의 모습은 마치 무엇을 상징하는 것 같습니까?

 중보기도를 하는 일에 대한 말씀을 붙잡아 본다면

첫째,

둘째,

셋째,

넷째.

21-24절 ____

____

____

____

____

과제) 예수님의 신성과 인성에 대하여 찾아봅시다.

인간의 죄 중에서 가장 심각한 죄는 신성 모독죄입니다. 예수님의 신성은 하나님의 속성을 나타내지만, 구원자로 오신 예수님의 목적은 우리 죄에 대한 사면이 먼저였습니다. 십자가 대속 사역을 위한 예수님의 신적인 능력 사용은, 우리의 죄로 인해 막히고 분리된 하나님과의 관계를 이어 줄 죄에 대한 속량이 먼저였기 때문에, 바리새인들의 공격을 받게 될 것을 아시면서도 이루어진 일이었습니다.

질문) 우리가 도전을 받을 수 있는 것이 있다면 무엇입니까?

궁극적인 도전은 "얼마나 주님을 믿고 의지하는가?"입니다. 십자가의 은혜가 나에게 얼마나 다가오는지를 생각해 봅시다.

기도문 작성) 당신이 중보기도해 주고 있는 사람들을 위해서 기도문을 작성해 보십시오.

____

____

____

____

____

____

____

3) 힘과 능력과 은사를 주실 것을 기대하며 기도할 수 있습니다.

(예수를 증거하는 일과 사단을 대적하는 일의 도구로 우리에게 주시는 것)

예문 누가복음 5:25-26

25절 ____

____

질문) 치유와 구원을 받은 사람은 어떻게 합니까?

질문) 힘을 얻는 수단과 방법은 어떤 것입니까?

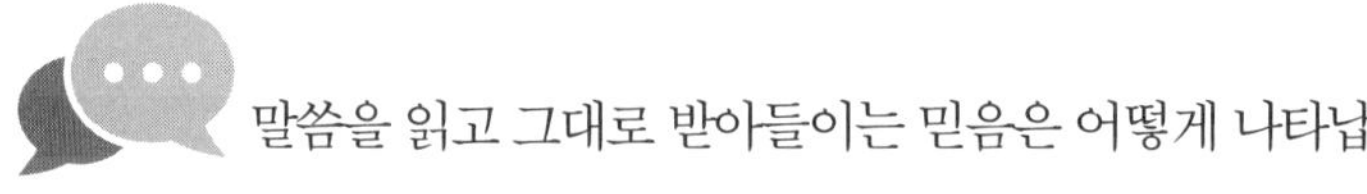

능력 있는 삶이란 무엇이라고 생각합니까?

26절 ____

____

____

질문) 경험된 주님의 말씀들을 어떻게 처리해야 합니까?

말씀을 읽고 그대로 받아들이는 믿음은 어떻게 나타납니까?

____

____

____

____

____

4. 찾아낸 기도 제목들을 가지고 말씀을 인용해서 선포합니다.

예수 그리스도의 이름으로 기도하는 것과 악한 영에 대하여 명령하는 기도를 할 수 있는 근거는 예수 그리스도의 이름의 권세를 우리가 전적으로 신뢰하는 것입니다.

____

____

____

____

____

오늘 말씀으로 위와 같이 묵상한 후 기도 제목을 만들어 봅니다.

1. 묵상을 한 후에 주시는 기도 제목들은 다양합니다. 먼저 배운 회개기도를 우선적으로 처리합니다. 어두움의 영의 영향에 대해서는 예수 그리스도의 이름으로 대적하며 기도하는 것을 연습합니다.

2 도전과 소망이 되는 말씀을 붙들고 기도해 봅시다.

3. 소망을 이루는 데 있어서 자신의 연약함이 느껴지고 믿음이 부족하다면 주님께 힘과 능력과 은사를 구하는 기도를 드리고, 의지를 드리려는 마음으로 준비합니다. 하나님의 역사를 훼방하려는 사단의 역사가 있을 때 주님이 주시는 힘으로 극복하려는 의지가 드려져야 한다는 것을 잊지 말아야 합니다. 의지를 드리는 것에 방해가 되는 것들을 찾아봅시다.

4. 자신의 삶과 사역에서 예수님만 나타나시도록 증인의 삶을 살아갑니다. 어떻게 증인의 삶을 살 것인가를 구체적으로 계획해 봅니다.

5. 선포기도는 단순히 소리를 지르는 기도가 아닙니다. 우리 자신과 주님의 연합을 공중권세 잡은 자, 세상의 주관자, 하늘의 악한 영들에게 선포하는 기

도입니다. 우리를 거룩하게 하는 주님의 말씀의 역사나, 새로운 양심으로 진리를 깨닫게 하시는 성령님의 역사에 관해 우리가 세상과 구별되었음을 공표하는 기도입니다. 마음을 드려 선포해 봅시다.

우리가 해야 할 일은 예수님의 인격, 진리, 성품, 권세 등이 우리의 기도와 묵상을 통해 나타나서 주님의 구원 역사를 이루는 일과 마귀를 대적하는 일이 우리의 삶에 실제적으로 일어나도록 하는 것입니다. 예수님과 연합한 우리는 증인의 삶을 사는 것이고, 사단의 거짓과 유혹에 넘어가지 않도록 물리치는 힘을 얻기 위해 예수님의 이름의 권세를 힘입어 기도하는 것입니다. 우리가 선포기도를 할 때 나 자신도 듣고, 주님도 들으시고, 천사도, 마귀도 들을 수 있습니다. 주님과 연합이 깊어지면 깊어질수록 주님의 영광을 드러내고, 선포하고 싶은 것은 당연한 일입니다.

온 세상에 주님의 이름의 권세를 선포합시다!

3장

감사기도와 QT
주님의 영광을 위하여

12가지 성경적 기도 방법을 소개하는 것은 묵상한 말씀을 붙들고 적어도 하루에 1시간 이상 기도할 수 있도록 권하기 위해서입니다. 앞서 배운 선포기도와 잘 섞어서 기도하는 훈련이 필요하고, 기도 시간을 채우기보다는 하나님의 임재와 현존을 경험하는 말씀을 깨닫고 실행하는 것이 더 중요하다는 것을 잊지 말기를 권합니다.

그러므로 내가 첫째로 권하노니
모든 사람을 위하여 간구와 기도와 도고와
감사를 하되 임금들과 높은 지위에 있는
모든 사람을 위하여 하라
이는 우리가 모든 경건과 단정함으로
고요하고 평안한 생활을 하려 함이라
(딤전 2:1-2).

12가지 성경적인 기도 방법을 사용해서 기도해 봅시다.

1. __________________________

예수님은 주기도문을 통해 제자들에게 어떻게 기도를 시작하며, 무엇을 기도
해야 할지 가르치셨습니다.

마태복음 6:9 _______________________________________

____

찬양이란 무엇인가?

찬양이란 ______의 _____을 알고 인정하는 것입니다. 하나님이 누구신가
생각하고, 그를 시인하여 말하는 것입니다.

즉 찬양이란 하나님을 높여 드리는 것입니다.

시편 63:3 ____

____

그분의 하나님 되심을 입으로 선포하여 하나님께 존귀를 돌리는 것입니다.

2. ____________________________

성경을 ________ 읽고 깊이 ______하는 것입니다.

________ 을 생각하는 것이고 하나님의 ______ 과 하나님의 ______ 들을 생

각하는 것입니다.

여호수아 1:8 ____

____

____

3. ____________________________ : 잠잠히 내 영혼을 맡기다.

시편 46:10 ____

____

____

하나님의 하나님 되심을 알기 위해, 하나님을 사랑하기 위해 내 영혼을 주님

께 맡기는 것입니다.

앙망하는 것은 기도함으로 ________을 ______하는 것입니다.

이것은 하나님과 함께 있으면서 그를 사랑한다고 하나님께 ______하는 것입

니다.

잠잠히 주와 함께 있으면서 전폭적으로 초점을 주님께 맞추어 바라보는 것입니다.

묵상의 오류가 있을 수 있다는 것을 잊지 맙시다!

4. ________________________________

하나님이 우리의 죄를 사하시고 우리 몸(성전)을 깨끗하게 하도록 하십니다.

자백은 내가 잘못한 것을 '인정'하는 것입니다.

시편 139:23-24 ______________________________________

____

____

이것은 성령께서 우리에게 죄를 드러내 보여 주실 때에 그것에 대하여 하나님께 '동의'하는 것입니다. 동의가 일어나면 ______이 새로워집니다.

5. ________________________________

우리의 기도로써 __________ _____________을 발전시키는 것입니다.

골로새서 4:2 ____

____

깨어 있는 것이란 방심하지 않고 정신을 바짝 차리고 빈틈없이 _______ 하는
것입니다.

내가 무엇을 위해 기도해야 될까를 생각하며 시간을 갖는 것이고, 그러면 성
령께서는 나의 마음속에 필요한 것들을 생각나게 해 주십니다.

개인적으로 영적인 잠을 깨는 노하우(know-how)를 가지고 있어야 합니다.

6. ______________________________

물질적, 육체적인 필요를 하나님께 아뢰어 기도로써 구하는 것입니다.

간구는 기도로써 _________ _______ 를 표현하는 것입니다.

마태복음 7:7 ____

____

____

구하는 목적이 자신만을 위하는 것이라면, 응답을 받았을지라도 시간이 흐르
면 하나님의 영광을 나타내는 열매를 맺기 어렵습니다.

간구는 세상에서 영향력을 갖고 다른 사람의 영혼 구원과 하나님 사랑, 이웃
사랑을 실현하기 위한 목적을 가져야 합니다.

7. ____

기도 안에서 하나님의 말씀을 '주장'하는 것입니다.

마음에 주시는 ________ , ________을 토해내는 것에 집중하기보다는 기도하

면서 하나님의 말씀을 붙들고 생각과 감정을 주님 앞에 복종시키는 것입니다.

고린도후서 10:5 ____

____

____

예레미야 23:29 ____

____

____

명확한 하나님의 언약과 내가 순종해야 할 이유를 밝힐 수 있어야 합니다.

성경 구절들을 우리의 기도 속으로 가지고 들어오는 것입니다.

기도할 때에 성경을 펴놓고 기도합니다.

기도는 의지를 갖고 하는 작업입니다. 그래서 '멍'하게 시간을 보내는 일이 없

어야 합니다.

8. ____

_______________ 을 위하여 기도하는 것입니다.

중보기도란 타인들을 기억하고 그들을 위해 기도하는 것입니다.

그들의 문제나 필요를 하나님 앞에 들고 나가서 그들을 위해 _____________을

싸워 주거나, 그들 대신 그들을 위해 사단을 대적해서 싸우는 것입니다.

디모데전서 2:1-2 ____

____

____

____

우리의 기도는 거의가 잘못된 기도일 수 있습니다. 왜냐하면 죄인의 기도이기

때문입니다. 그러므로 우리는 주님의 기도 속에 휘말려 들어가야 합니다. 다른

사람들이 자기를 바라보게 하는 오류를 일으키지 않는 것이 유익합니다.

모든 기도는 예수 그리스도께 초점을 맞춰야 합니다.

9. _________________________________

하나님께 듣는 것입니다.

내주하시는 성령님께서 감화, 감동 주시는 것에 동의하려고 경험하는 것입니다.

하나님께서 내가 어떻게 말씀에 순종하기 원하시는가를 질문하고 들어보는 것입

니다. 그날그날 우리가 해야 할 것들에 관해 우리에게 요청하시는 말씀이나 감

동을 주는 말씀으로 주시는 _________ _________ 를 말합니다.

에베소서 1:16-17 ____

____

____

____

10. _______________________________

자백의 일종입니다.

감사드리는 것은 기도로써 ______ 를 ______하는 것입니다. 이것은 자백 (confession)과는 차이가 있는데, 이는 내가 받은 축복에 대하여 인정하는 것입 니다.

말하자면 하나님께서 우리에게 행하신 것에 대한 감사를 표현하는 것입니다.

우리의 현실의 삶과 상황이 하나님보다 중요해지면 우리의 연약함 때문에 감 사를 표현하지 못하게 됩니다.

데살로니가전서 5:18 ____

____

11. _______________________________

기도할 때에 멜로디를 만들어 내는 기도입니다.

우리의 기도 내용에 따라 ______를 넣어 ______부르는 것입니다(찬양, 감사).

성경의 말씀을 포함해서 노래합니다.

에베소서 5:18-19 ____

____

____

12. ___________________________________

기도로써 _______ _________ 으로 즐거워하며 하나님께 영광을 돌리는 것입니다.

시편 71:14 ____

____

찬양으로 시작한 기도는 우리의 기도에 응답해 주시는 하나님의 신실하심을 기뻐하며 하나님을 높이고 영광 돌림으로써 마치게 되는 것입니다.

하루 1시간 이상의 기도를 위해서 12가지 기도 방법을 섞어서 기도해 봅시다.

1. 한 가지에 5분 정도를 할애하면 1시간 정도의 기도가 될 수 있습니다. 물론 충분한 묵상 시간을 가진 후의 기도를 말합니다.

2. 앞서 배운 회개기도와 선포기도를 잘 섞어서 기도할 수 있도록 훈련하는 것이 중요합니다. 기도가 더 길어질 수 있다는 것입니다. 기도의 시간을 채우는 것보다 하나님의 임재와 현존을 경험하는 말씀을 깨닫고 실행하는 것이 더 중요하다는 것을 잊지 맙시다.

3. 처음부터 조급한 마음을 갖고 하면 자칫 기도문을 나열하는 것에 지나지 않습니다. 가장 중요한 것은 주님과 마음을 나누기 위한 작업이 기도라는 것입니다. 이 사실을 잊지 맙시다. 주님께서 들어주셔야 하는 기도의 제목들을 나열하는 형식적인 기도가 되지 않도록 유의합니다.

4. 기도가 끝난 후에 주님이 주시는 마음으로 평안을 얻었는지 확인합니다. 그렇지 않다면 평안을 얻을 때까지 끈기 있게 기도해야 할 것입니다. 그리스도인들이 진정으로 평안하고 행복해야 삶에서 영향력을 줄 수 있습니다.